Fábulas de Esopo
Volumen 2

Author Esopo
Relatadas por H. Villa

Para Esopo mismo en gratitud de su eterno legado..

Copyright © 2025 by H. Villa
All rights reserved. No part of this publication may be reproduced, distributed, or transmitted in any form or by any means, including photocopying, recording, or other electronic or mechanical methods, without the prior written permission of the publisher,
Babilonia Books / Arcoiris Publishing
Make Language Learning Fun.
Printed in the United States of America

Tabla de contenido

La hormiga y la cigarra
El cascabel del gato
La lechera
Las ranas que piden un rey
La paloma y la hormiga
La gallina de los huevos de oro
La zorra y la liebre
El caballo y el asno
El asno, la zorra y el léon
El lobo y el cordero
El águila y los dos gallos
La zorra y el leñador
El cuervo, la zorra y la higuera
El perro y el lobo

La hormiga y la cigarra

En medio del caluroso verano, una cigarra cantaba y bailaba desde el amanecer hasta muy entrada la noche.

Mientras tanto, una hormiga trabajaba arduamente, recogiendo comida y llevándola a su madriguera.

Cuando llegó el invierno y la nieve cubría con su manto blanco los campos y bosques, la angustiada cigarra no encontraba nada para comer.

Fue entonces a pedir comida a su amiga, la hormiga.

—¿Y qué hacías cuando había suficiente comida en el verano? —preguntó la hormiga.

—Pues bailaba y cantaba —contestó la cigarra.

—Ah, pues come cantos —respondió la hormiga, cerrando la puerta de su casa.

Moraleja: En tiempos de abundancia guarda para tiempos de escasez.

El cascabel del gato

Había una colonia de ratones que vivía aterrorizada por el gato de la casa. Apenas salían a buscar comida, él aparecía entre las sombras y ¡qué susto les daba!

Cansados y hambrientos, hicieron una asamblea. Cada ratón contaba sus miedos hasta que un ratoncito joven anunció con entusiasmo:

—¡Ya sé la solución! Le pondremos un cascabel en el cuello, así sabremos dónde anda.

Todos aplaudieron la idea, hasta que un viejo ratón preguntó con calma:

—¿Y quién será el valiente que le ponga el cascabel al gato?

Moraleja: Es fácil proponer, pero difícil realizar.

La lechera

Iba María, la lechera de San Marcos, camino a la feria con una cubeta grande llena de leche.

Mientras caminaba pensaba muy contenta:

—Con la venta de esta leche me compraré un vestido verde hermoso y unos zapatos negros para la fiesta del pueblo.

—No, mejor un vestido negro y unas zapatillas verdes.

Tan distraída iba con sus sueños que no vio un hoyo en el camino, tropezó y ¡zas! La cubeta cayó y toda la leche se derramó.

Moraleja: A veces los sueños se quedan solo en sueños.

Las ranas que piden un rey

Había una vez un grupo de ranas que vivía en un estanque.

Vivían en paz, pero no estaban del todo felices porque no tenían un rey que las gobernara.

Entonces, hicieron una petición a los dioses para que les dieran un rey.

Los dioses les mandaron un tronco. Cuando cayó en el agua, las ranas se asustaron y corrieron a esconderse entre el lodo y las piedras. Con el tiempo, perdieron el miedo, se subían al tronco y lo ignoraban.

Entonces pidieron otro rey, uno con más autoridad. Los dioses les mandaron una serpiente, que poco a poco se comió a todas las ranas.

Moraleja: Hay que tener cuidado con lo que pedimos.

La paloma y la hormiga

Un día, una hormiga cayó a la corriente de un río. Por más que trataba de salir, se estaba hundiendo rápido.

Una paloma, que la veía desde lo alto de un árbol, le lanzó una hoja. La hormiga, como pudo, se subió a la hoja y llegó hasta la orilla, salvándose.

Tiempo después, la hormiga vio a un cazador que apuntaba con su escopeta a la paloma. La hormiguita corrió y le mordió el pie. El cazador pegó un grito, y así la paloma pudo escapar.

Moraleja: Un favor se paga con otro favor.

La gallina de los huevos de oro

Había una granjera que recibió de regalo una gallina común y corriente.

Un día, la gallina puso un huevo, pero no era como los demás: ¡era un huevo de oro!

La granjera lo vendió y recibió muchas monedas a cambio.

Pasaron tres o cuatro días y la gallina puso otro huevo de oro.

La granjera, desesperada, pensó: "Si abro la gallina y le saco todos los huevos, ganaré más rápido".

Pero al abrirla, se dio cuenta de que eran muy pequeños y no servían.

Moraleja: La desesperación muchas veces te hace perderlo todo.

La zorra y la liebre

Se decía por todos lados que la zorra era muy lista y siempre ganaba.

La liebre, curiosa, quiso saber la razón.

—Por supuesto que te lo diré —dijo la zorra—. Ven a mi casa y cenaremos.

La liebre, muy contenta, aceptó la invitación. Pero cuando llegó a la casa de la zorra, no había cena... ¡La cena era ella misma!

Moraleja: No pidas consejos a los malvados, porque pueden hacerte daño.

El caballo y el asno

Por el camino iban un caballo, un asno y su arriero. El asno llevaba tanta carga que apenas podía caminar.

El arriero pidió al caballo que le ayudara cargando un poco, pero el caballo se negó.

Al poco tiempo, el asno cayó rendido de cansancio. Entonces, el arriero puso toda la carga y también al asno sobre el lomo del caballo.

—¡Qué mala suerte! —dijo el caballo—. Ahora tengo que cargar hasta al asno.

Moraleja: Quien no ayuda a los demás, termina perjudicándose a sí mismo.

El asno, la zorra y el león

El asno, la zorra y el león se fueron de cacería.

Al terminar la jornada, el león le pidió al asno repartir los bienes.

El asno, muy justo, dividió todo en tres partes iguales.

Furioso e indignado, el león se comió al asno y enseguida le ordenó a la zorra hacer el reparto.

La zorra hizo dos montones: uno muy grande y uno muy pequeño.

Por supuesto, ella tomó el más chico.

—¡Muy bien, muy bien! ¿Y quién te enseñó a dividir así? —preguntó el león.

—El asno, señor león —respondió la zorra—. El asno fue quien me enseñó.

Moraleja:

Adáptate a las circunstancias, de ello puede depender tu vida.

El lobo y el cordero

Un lobo estaba río arriba y, muy furioso, acusó a un cordero de ensuciarle el agua que iba a beber.

—¡Eso no es posible! —respondió el cordero—. Yo estoy río abajo.

—Y también, hace un año, insultaste a mis padres —dijo el lobo.

—Eso tampoco puede ser, pues hace un año yo todavía no había nacido —contestó el cordero.

—Aunque te justifiques muy bien, de todas formas te voy a comer —dijo el lobo.

Moraleja:

Quien te quiere hacer daño siempre buscará la manera.

El águila y los dos gallos

Dos gallos estaban en plena riña para ver quién se quedaba con el gallinero.

El gallo que perdió se fue triste a esconderse bajo un árbol.

El ganador subió al granero y comenzó a cantar victorioso.

Cerca volaba un águila muy hambrienta. Al escuchar los cantos del gallo, bajó y se lo llevó para comérselo.

Entonces, el gallo perdedor salió calladito de su escondite a adueñarse del gallinero.

Moraleja:

Los éxitos son tuyos, solo si sabes cuidarlos, pues te los podrían arrebatar.

La zorra y el leñador

Una vez, una zorra era perseguida por unos cazadores. Corrió hasta la casa de un leñador y le pidió que la escondiera.

—Métete debajo de ese mueble —le dijo el leñador.

Cuando llegaron los cazadores, le preguntaron al leñador si sabía dónde estaba la zorra.

Con la boca dijo que no, pero con la mano señaló debajo del mueble.

Los cazadores no entendieron y se marcharon.

La zorra salió y se fue.

El leñador le preguntó por qué no le daba las gracias.

Ella le contestó:

—Si tu boca y tus manos dijeran lo mismo, lo habría hecho.

Moraleja:

Lo que se dice, se debe hacer.

El cuervo, la zorra y la higuera

Un flaco y hambriento cuervo se posó en una higuera.

Al ver que los higos aún estaban verdes, decidió quedarse allí esperando a que maduraran.

Una zorra lo observó y, extrañada de verlo tanto tiempo en el mismo lugar, le preguntó qué hacía.

Cuando el cuervo le explicó su espera, la zorra le dijo:

—Haces muy mal perdiendo tu tiempo en una esperanza lejana. La esperanza se llena de bellas ilusiones, pero no de comida.

Moraleja:

atiende tus necesidades inmediatas; de nada te servirá confiar en cosas inalcanzables.

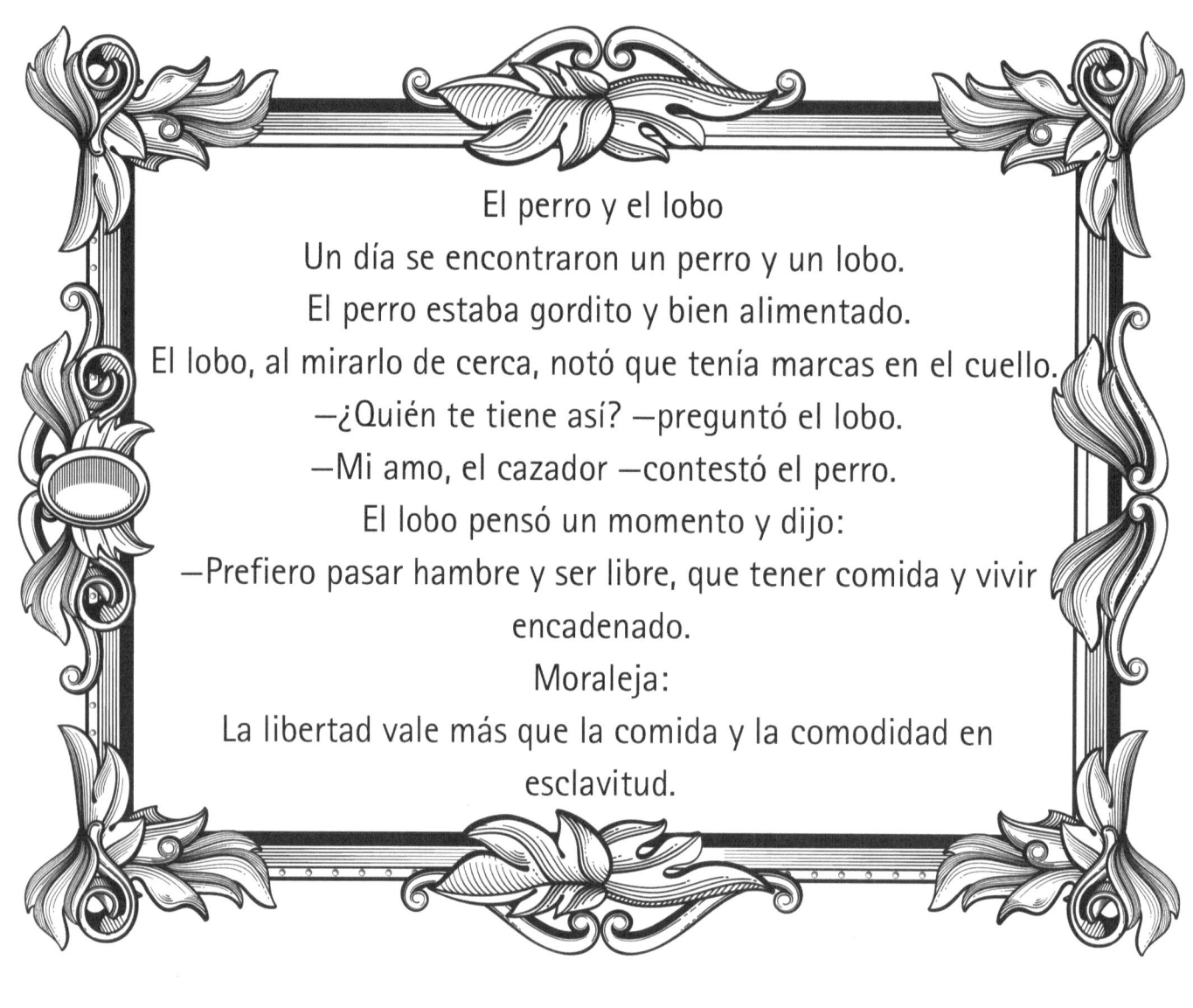

El perro y el lobo

Un día se encontraron un perro y un lobo.

El perro estaba gordito y bien alimentado.

El lobo, al mirarlo de cerca, notó que tenía marcas en el cuello.

—¿Quién te tiene así? —preguntó el lobo.

—Mi amo, el cazador —contestó el perro.

El lobo pensó un momento y dijo:

—Prefiero pasar hambre y ser libre, que tener comida y vivir encadenado.

Moraleja:

La libertad vale más que la comida y la comodidad en esclavitud.

Esopo nació en algún lugar de Grecia, o Egipto, nadie sabe..